AF199185

Vorwort

„Warum schreibe ich dieses Buch?"
Nun ich denke ich habe das Recht und die Pflicht dieses Buch zu schreiben. Schließlich erhielt meine eigene Person vor genau 16 Jahren, die Diagnose Morbus Crohn. Ich möchte mit meinem Buch anderen Menschen helfen und ihnen zeigen was ich, durch Morbus Crohn alles erleiden musste. Mit diesem Buch kann ich euch dabei helfen, mit dieser Krankheit besser zurechtzukommen.

Die Diagnose war und ist für mich immer noch schrecklich, aber ich habe gelernt mit meiner Erkrankung zu leben. Eine Krankheit die mit Stand heute nicht heilbar ist, jedoch wo die Symptome gelindert werden können.

Nach so einer Diagnose ist man zuerst geschockt und nach einer Zeit des Nachdenkens, niedergeschlagen. Es vergeht enorm viel Zeit bis unser Gehirn begreift was da, mit uns eigentlich passiert. Angst, Zorn und Niedergeschlagenheit wechseln sich dabei ab.

Es sollte noch Erwähnung finden, dass es mich zu einer Zeit erwischte, wo ich es in dieser Art einfach, nicht erwartete. Auch traf es mich besonders hart, wobei es bei Morbus Crohn drei Einstufungen gibt. Dabei traf mich zu meinem Bedauern, die höchste Stufe drei.

Bei Menschen die z. B. in Stufe eins landen die Krankheit doch, etwas harmloser verläuft. Bei mir, aber schlug die Krankheit unbarmherzig zu und ich wäre auch fast daran gestorben. Auch traf es mich völlig unvorbereitet. Dazu kam, dass ich noch nie im Leben zuvor etwas über, die Krankheit Morbus Crohn gehört

oder gelesen hatte. Auch besaß ich keinerlei Vorkenntnisse oder Erfahrungen wie man sich, bei dieser Krankheit verhielt. Das ist auch mit ein Grund dafür, warum es mich so hart treffen konnte. Meine
Person machte jede Menge Fehler wobei diese Krankheit nur, wenige Fehler verzeiht.

Ein Grund mehr für mich später, dieses Buch auch zu schreiben. Das Buch ist wie ein Lexikon oder eine Bibel aufgebaut, wo man alles was man dringend benötigt, einfach nachschaut. In meinem Buch steht vieles drin was man, täglich benötigen wird. Alles was meiner eigenen Person nicht zugänglich war, aber er dennoch benötigte.
Das Buch würde mir die Augen öffnen, und ich beginge den einen oder anderen großen Fehler nicht mehr.
Ein weiterer großer Vorteil wird es für dich als zukünftigen Patienten sein, dich mit den möglichen Therapieformen und

Medikamenten auszukennen. Egal in welcher Stufe der Erkrankung du schließlich landest, du kannst und wirst mit Morbus Crohn zurechtkommen.

An dieser Stelle sei gleich einmal gesagt, nehmt jede Hilfe an die euch angeboten wird. Geht von Anfang an offen mit der Erkrankung um, ihr werdet sehen das erleichtert die Sache ungemein. Sich zu verstecken wird nicht helfen sich, aber mit der Krankheit auseinanderzusetzen schon. Versucht öfter mal auf euren Körper zu hören.

Die vielen Signale die der Körper euch sendet anschließend auch, richtig zu deuten.

Auch haben Schmerzen immer eine Ursache, ignorieren bringt in diesem Fall nur sich länger, den Schmerzen auszusetzen. Dabei können Schmerzmittel den Schmerz nur lindern ihn, aber nicht dauerhaft bekämpfen, oder gar beheben. Je weniger Schmerzmittel oder Medikamente man benötigt, desto weniger abhängig wird man auch davon. Außerdem können Medikamente nach einer längeren Einnahme, die gewünschte Wirkung verweigern. Des Weiteren besteht die Gefahr bei längerer Einnahme der Medikamenten, von diesen Abhängig zu werden.

Deshalb sollte man die Medikamente nur einnehmen wenn man sie wirklich braucht, und darüber hinaus, jene auch helfen.

Einleitung

Hallo, mein Name ist J.R Lucas Wolf und ich habe Morbus Crohn. Dabei hatte ich den ersten Kontakt mit einem Stoma, auch künstlicher Darmausgang, oder (Anus praeta) genannt, im Dezember 2003.

Meine Person wurde nach starken Schmerzen im Anal Bereich, und blutigen Durchfällen, hohen Entzündungswerten, und einen nicht gewollten Darmausgang im Bauch. In ein Krankenhaus Nähe (Bad Waldsee) eingeliefert. Auch wusste niemand so richtig was mit mir los war.

Meine Wenigkeit befand sich seit 10 Tagen in einer Reha-Klinik, und wurde nun mit starken Schmerzen, ins Krankenhaus gefahren. Um anschließend zu einem Chirurg gebracht zu werden. Sofort stand fest, dass meine Person in eine Spezialklinik für Morbus Crohn Patienten musste.

Also wieder zurück in den Krankenwagen, und schnell zur Spezialklinik für Morbus Crohn Patienten.

Dort in der Spezialklinik angekommen, fing das Suchen an. Das Suchen nach der Ursache für diese starken Schmerzen.

Dem diensthabenden Arzt legte ich meine Befunde vor. Diese Befunde waren unzureichend und dabei veraltet, und deshalb teilte man mir mit, dass ich alle Untersuchungen noch einmal machen würde.

Aber zuerst wurde die wichtigste aller Untersuchungen für mich angeordnet.

Die Darmspiegelung auch (Koloskopie) genannt. Diese Darmspiegelung sollte in den darauf folgenden Tagen durchgeführt werden. Zuerst aber wurde eine Sonographie (Ultraschall-Untersuchung), vom diensthabenden Arzt durchgeführt.

Direkt nach der Sonographie wurde meine Wenigkeit, auf der Normalstation aufgenommen.

Die erste Nacht verlief sehr unruhig und wir wurden am nächsten Tag sehr früh, gegen 7.00 Uhr geweckt. Es standen gleich mehrere kleinere Untersuchungen an. Der erste Tag verlief aber trotzdem noch relativ ruhig.

Was sich zwei Tage später aber schnell änderte da, endlich die Darmspiegelung anstand. Es war bereits meine dritte und ich hatte nicht gerade gute Erfahrungen damit, in der jüngeren Vergangenheit gemacht. Dementsprechend groß waren meine Sorgen und Aufregung.

Gleich am Morgen wurde meine Wenigkeit, nach einer kurzen Vorbereitung, zu der Darmspiegelung (Koloskopie) gebracht. Auch sollte die Narkose sehr schnell bei meiner

Person wirken, sodass er dabei einen Filmriss bekam und 90 Minuten später wieder aufwachte.

Meine erste Frage an den Pfleger war:

„Was ist denn eigentlich passiert?", „und wo bin ich?"

Der Pfleger antwortete darauf:

„Sie sind im Aufwachraum und Sie werden gleich wieder auf die Normalstation gebracht."

Nachdem meine Person wieder auf Normalstation war, ging das Fragen wieder los. Meine Wenigkeit wollte unbedingt wissen ob, und wann er wieder etwas essen durfte. Natürlich auch wie die Darmspiegelung verlaufen war.

Unsereiner erfuhr erst am Nachmittag was mit ihm los war, da wurde er nämlich zum Chefarzt gebracht. Jener wollte Unsereins unbedingt noch untersuchen. Dabei kam es bei der Untersuchung zwischen dem Chefarzt und mir, zu einem sehr ernsten Gespräch. Der Chefarzt untersuchte mich, und anschießend besprach er das weitere Vorgehen mit mir.

Auch war der Arzt sehr nett zu meiner Person und versuchte es außerdem, ihm schonend beizubringen.

Was mich angeht sollte ich, in den nächsten Tagen operiert werden. Die Schmerzen die meine eigene Person empfand, verursachten zwei Fisteln. Dazu war der Darm sehr entzündet und man wollte diesen entzündeten Darm, ein wenig schonen.

Kapitel 1.

Der Chefarzt wollte in einer extra für mich geplanten Operation, den nicht gewollten Darmausgang entfernen und dabei gleichzeitig, die Fisteln im Bauch und Anal Bereich schließen. Anschließend sollte mir ein Dünndarmausgang (Ilestoma) gelegt werden.

Man das waren echt keine so gute Nachrichten und dementsprechend füllte ich mich auch. Der Chefarzt versuchte mich noch etwas zu beruhigen und teile mir mit, dass man auch mit einem Dünndarmausgang sehr alt werden könnte.
Nach diesem Gespräch wurde ich erst einmal wieder auf mein Zimmer gebracht. Meine Person sollte sich das mit der Operation

überlegen, und in den nächsten Stunden, die schriftliche Zustimmung erteilen. Was für ein großer Schock für mich, das war echt starker Tobak.

„Wie fühlt man sich nach so einer negativen Nachricht?", „und nach solchen Perspektiven?"

Nun für meine Wenigkeit ging die Welt so wie er sie kannte, erst einmal zu Ende. Und er wollte nur noch seine Ruhe. Mein Ego spielte viele Szenarien durch die für, und gegen eine Operation sprachen.

Das Schlimmste aber daran war, keiner konnte mir bei meiner Entscheidung, so richtig helfen. Mein Ego war jetzt gefragt und musste auch alleine, die schwierige Entscheidung treffen.

Nach einer sehr unruhigen und fast schlaflosen Nacht wachte ich, am folgenden Morgen wieder auf. Es war der Tag der Entscheidung für mich. Die Entscheidung war an und für sich, schon längst gefallen. Heimlich wusste das mein Ego auch. Ein Leben mit zwei Fisteln und einen nicht gewollten Darmausgang, wollte mein Ego doch nicht haben!

Im Laufe des Tages aber unterschrieb ich die Unterlagen, für die Operationen.

In den darauf folgenden Tagen musste meine eigene Person, mehrere Voruntersuchungen über sich ergehen lassen. Am Ende kam schließlich doch noch der Tag an, dem sich alles ändern sollte.

Unsereins wurde früh morgens in den Operationssaal gebracht. Der Chefarzt persönlich sollte diesen OP (Operation) durchführen. Auch dieses Mal ging es mit der Narkose verhältnismäßig schnell. Dazu bekam meine Wenigkeit wieder einmal einen Filmriss, und wachte später in der Intensivstation wieder auf.

Die erste Krankenschwester die ich zu sehen bekam, fragte ich sofort:

„Wie ist meine Operation verlaufen?",
„und habe ich jetzt einen Darmausgang?"
Sie antwortete:

„Ihre Operation ist gut verlaufen und ja,
Sie haben jetzt auf der rechten Seite einen
Darmausgang (Ileostoma)."

„Danke", sagte ich noch zu ihr.
In Ordnung dachte ich so bei mir, wenigstens
hast du das bis hierhin überlebt! Mein Typ
hatte Schmerzen und fühlte außerdem den
Beutel vom Darmausgang, auf seiner Haut.
Sofort fragte meine Wenigkeit die
Krankenschwester nach etwas stärkeren
Schmerzmitteln. Diese steigerte daraufhin die
Dosis.
Nach nicht einmal einer viertel Stunde
bemerkte ich, dass die Schmerzen wieder ein
wenig abklangen. Mein Ego wollte unbedingt
wissen wie der Bauch aussah, also legte er die
Bettdecke etwas behutsam zur Seite. Oh, das
sah wirklich nicht toll aus, und überall sah
man nur Klammern und Narben. Was für ein

Schock für mich! Ich war gerade einmal 38 Jahre alt und hatte für eine unbestimmte Zeit, einen Beutel am Bauch. Das Leben wie meine eigene Person es kannte war, erst einmal vorbei.

„Wer möchte schon jemanden mit einem Beutel zum Freund oder als Mann haben?"

„Kann man mit einem Beutel normal Leben?", fragte ich mich.

„Was kann man damit überhaupt noch machen?"

Man kann sich nur schlecht vorstellen was für unmögliche, und durchaus negative Gedanken, meine Person hatte. Dazu war meine eigene Person sehr schwach, und stand außerdem mächtig unter Medikamenteneinfluss. Und trotzdem wollte sie (eigene Person) nur noch weinen.

Ich hab mich dauernd nur gefragt:

„Warum nur ich?", „und wieso gerade jetzt?"

Am Ende fiel es mir aber wieder ein, ich habe

eine Familie und ich werde auch geliebt. Meine Lebensgefährtin(K), meine Geschwister (A, R, G, S), und meine Eltern, machten sich sicher mächtig sorgen um mich.

Nach einem Telefonat mit meiner Lebensgefährtin(K), sollte sich das ein wenig ändern. Meine Person war endlich froh eine vertraute Stimme zu hören und darüber hinaus froh, über einige aufmunternde Worte. Das Telefonat beruhigte mich ein wenig, aber dafür hatte ich jetzt wieder stärkere Schmerzen.

Also forderte meine Wenigkeit, abermals eine höhere Dosis Schmerzmittel an. Nach Einnahme der Schmerzmittel schlief Unsereiner, sofort friedlich ein.

Dank der erhaltenen Schmerzmittel verbrachte meine Person, eine sehr ruhige Nacht.

In den darauf folgenden Tagen bekam ich eine Stomatherapeutin, da ich den Umgang mit einem Stoma erlernen sollte. Das lehnte mein Ego aber kategorisch ab. Er war immer noch nicht bereit sich mit diesem Thema, auseinandersetzen zu müssen.

Es vergingen einige Wochen bis sich meine eigene Person, langsam mit den Gedanken anfreunden konnte, später mit einem Darmausgang, ein ganz „normales" Leben führen zu können.

Dabei hatte meine Wenigkeit leicht an Gewicht zugelegt und der Kreislauf war auch wieder stabiler.

Da auf einmal die nächste Hiobsbotschaft durch die Türe kam. Eine der Krankenschwestern spazierte ins Zimmer und sagte zu mir:

„Wir müssen Sie leider in Quarantäne setzen, Sie haben Staphylokokken."

„Was sind wieder Staphylokokken?", fragte ich mich!

Nun in der Gegenwart würde meine Person das so erklären: Als Staphylokokken wird eine kugelförmige Bakterie bezeichnet. Diese Bakterien leben auf der Haut und den Schleimhäuten und sind oft harmlos. Können jedoch auch Infektionen im Weichgewebe und in inneren Organen hervorrufen, und danach lebensgefährlich werden.

Diese Informationen hatte ich zu diesem Zeitpunkt noch nicht. Meine Wenigkeit erfuhr nur, dass er für einen begrenzten Zeitraum alleine im Zimmer liegen musste, und dabei auch keinen Besuch erhalten durfte. So eine Nachricht würde fast jeden aus der Bahn werfen, und bei mir war das nicht anders.

Dafür sollte ich aber ein paar Tage später, eine dicke Überraschung erhalten. Meine Mutter, mein Bruder, und meine Partnerin, würden mich besuchen.

Als sie Tage später endlich durch die Türe kamen, wunderte ich mich erst einmal darüber, was sie so trugen! Sie waren alle mit einem blauen Kittel überzogen, trugen außerdem zusätzlich noch Handschuhe und den vorgeschriebenen Mundschutz. Das sah natürlich alles nicht sehr schön aus, aber es war sehr effektiv.

Aufgrund meines schwachen Immunsystems, musste unbedingt jede weitere Infektion vermieden werden. Es bestand immer noch eine akute Ansteckungsgefahr, und meine Familie wollte sich außerdem, nicht bei mir anstecken.

Es sollte an dieser Stelle auch eine Erwähnung finden, dass wir uns trotzdem gut unterhalten haben. Dazu wurde es noch ein sehr schöner Tag, trotz dieser kleinen „Vermummungs-Aktion."

Als aber am nächsten Tag die Familie wieder die Heimreise antrat, hatte mein Ego zumindest ein wenig Hoffnung getankt.

Man kann es ruhig an dieser Stelle vorwegnehmen, die Staphylokokken ist Unsereiner wieder losgeworden. Die körperliche Schwäche und die Schmerzen teilweise auch. Am Ende nach ungefähr drei Monaten Krankenhausaufenthalt, wurde ich eines Tages wieder, aus dem Krankenhaus entlassen.

Dabei wurde meine Wenigkeit in einen Krankentransporter gesteckt, und anschließend nach Hause (NRW) gefahren. Auch ist es kaum zu glauben wie lange, drei Monate einen vorkommen können.

Dazu hat mein Ego oft daran gedacht, dass er es nicht mehr schafft.

Meine Person war auf unter 50 Kilogramm abgemagert, und das bei 1,80m Körpergröße. Am Schluss, nach über drei Monaten endlich wieder Zuhause. Dafür aber war meine Person ein Pflegefall und damit auch pflegebedürftig.

Ob man es glaubt oder eher nicht, meine Lebensgefährtin(K) freute sich riesig auf mich. Da wir beide sehr nah am Wasser liegen, haben wir erst einmal das ein oder andere Tränchen, zusammmen laufenlassen. Dabei tauschten wir uns lange aus. Zusätzlich genehmigten wir uns, das ein oder andere Endorphine.

Diese entstehen z. B. wenn man lange knutscht oder miteinander kuschelt.

In den darauf folgenden Tagen hatten wir beide, einiges zu besprechen. Außerdem sollte (musste) noch ein Pflegedienst bestellt werden, und jede Menge anderer Sachen erledigt oder besorgt werden.

Dinge wie: Die Krankenkasse, Sanitätshaus, Bank, et cetera. Dazu gab es noch eine Menge Papierkram zu erledigen.

Kapitel 2.

Die Zeit nach dem Krankenhausaufenthalt, und hier vor allem die ersten Tage der Umstellung, waren sehr schwierig. So ein Darmausgang ist nicht immer dicht, und ein Pflegedienst benötigt eine gewisse Zeit bis, er vor Ort ist.

Bei meiner Wenigkeit lagen an dem einen oder anderen Tag, die Nerven blitzblank. Noch immer nicht wollte sich mein Ego, mit dem Thema Stoma auseinandersetzen.

Dazu wenn das Stoma einmal undicht war, klebte ich notgedrungen einfach irgend eine Kompresse drauf. Meine eigene Person war bettlägerig und konnte sich nur mit Hilfe eines Rollators fortbewegen.

Unsereiner bekam Hilfe beim Waschen,

Duschen und Anziehen. Essen konnte ich zwar alleine, kochen aber noch nicht. Zwar musste ich keine spezielle Diät einhalten, aber mein Speiseplan war schon ein wenig eingeschränkt. Lebensmittel die Blähungen, Durchfälle, und damit auch gewisse Schmerzen verursachten, wurden sofort von meinem Speiseplan verbannt.

Meine Wenigkeit hatte außerdem noch eine laktosefreie und ballaststoffarme Ernährung. Dazu waren meine Entzündungswerte immer noch hoch und so musste ich, das ein oder andere Lebensmittel aus meinem Speiseplan weglassen.

Meine eigene Person besaß eine lange Medikamenten Liste, die es jetzt zu verkürzen galt.

Zuerst stand aber ein Besuch bei meiner Gastroenterologin an. Der sollte sich aber um ein paar Wochen verzögern. Zumindest bis an dem Tag, an dem ich wieder eine volle Transportfähigkeit erlangte. Auch war der erste Besuch bei meiner Gastroenterologin, als sehr schwierig zu bezeichnen, bezogen auf mein Stoma.

Das System das meine Person hatte war suboptimal und dabei öfter undicht, als es erlaubt ist.

Dazu brannte mir an diesem Tag die Säure unter der Haut. Die Ärztin untersuchte mich und schaute sich dabei, mein Stoma genauer an.

Am selben Tag erhielt ich von meiner Ärztin, jede Menge Tipps und Ratschläge. Natürlich bezüglich des Umgangs mit einem Stoma und bezüglich der neuen Medikamenten, die sie mir netterweise verschrieb.

Meine Person erhielt eine Kortisontherapie und dazu für ein paar Wochen ein Antibiotikum.

Dabei kam auch zur Sprache eine mögliche Therapie mit Humira, so hieß das Medikament. Es ist ein sogenanntes Immunsuppressivum. Dieses Medikament wird zur Unterdrückung des Immunsystems einfach dazugegeben. Da meine eigene Person die Diagnose Morbus Crohn erhielt, und das Immunsystem unterdrückt werden musste. War das, das einzig richtige Medikament dafür.

Da aber mein Stoma bereits zwickte und ich schon die Probleme auf mich zukommen sah, beschloss ich den Besuch bei meiner Ärztin, sofort zu beenden.

Auch erhielt meine Person an diesem Tag sehr viele neue Informationen und war darüber hinaus, ein wenig ungehalten. Sicher wegen des Stoma, dass mittlerweile undicht war. Das Ganze war ermüdend und reizte meine eigene Person noch zusätzlich.

Also fuhren wir nach Hause um anschließend, den Pflegedienst zu bestellen. Dabei konnte sich Unsereiner immer noch nicht, den Darm anschauen, und das Wechseln der Platte konnte er, auch noch nicht.

Der Beutel sollte an diesem Tag recht spät

gewechselt werden, der Pflegedienst hatte sich etwas mehr Zeit gelassen. Der für mich zuständige Pflegedienst war sonst recht flott. Auch waren die Frauen des Pflegedienstes immer sehr nett zu mir, und dazu noch sehr fleißig.

Mit meinem Stomasystem kam ich nicht gut klar, ein Besuch im Sanitätshaus sollte das schließlich ändern.

Unsereins hatte eine gute Stomatherapeutin in einem Sanitätshaus, die einem mit dem Stoma sehr gut half.

Nachdem unsereiner ein anderes System erhielt, mit einem etwas größerem Beutel und dazugehörigen Bauchgürtel, änderte sich die Lage. Das neue System war gut zu gebrauchen und dazu wurde es nicht mehr so oft undicht. Ein weiterer Vorteil war das große Fassungsvermögen, des neuen Beutels, es erlaubte mir dadurch nachts, besser zu schlafen. Auch füllte sich der Beutel nicht mehr so schnell, und so wurde ich nachts nicht mehr durch, einen überfüllten Beutel geweckt.

Schließlich hat Unsereiner, nachdem viele Monate ins Land gegangen sind, selbst angefangen die Basisplatte und den Beutel zu wechseln.

Eines Tages war der Beutel wieder einmal undicht und es musste schnell gehandelt werden. Unsereins hatte an diesem Tag einige Arzttermine und wollte diese unbedingt einhalten. Also entschied er sich bei einem Missgeschick (Malör), die Basisplatte und den Beutel selbst zu wechseln.

Sich dazu zu überwinden ist schwer und es verlangt nach viel Mut, auch ein wenig Überwindung. Aber an diesem Tag gelang mir selber all das und ich schaffte es. Es kostete mich zwar eine große Überwindung, aber dafür konnte ich alle meine Termine wahrnehmen. Mein Ego feierte nun das, was man ein Erfolgserlebnis nennt und das brauchte er in dieser Situation auch. Meine Wenigkeit war zwar nicht geübt in Basisplatten schneiden und kleben, aber er hatte es sich bei den Pflegekräften abgeschaut. Auch war die Basisplatte nicht perfekt und gehalten hat sie soweit die Erinnerungen reichen, nicht besonders lang.

Normalerweise hielt eine Basisplatte zwei Tage lang. Es kam dabei darauf an wie lange man saß, lief, rannte, duschte, aß, trank und wie viel man dazu schwitzte.

Genau genommen ist so ein Basisplatten-Wechsel nicht vorhersehbar oder gar kalkulierbar. Wenn Unsereins euch z. B. erzählt, dass die Basisplatte immer dann kaputt ging wenn man, das am wenigsten brauchte.

Das werdet ihr Unsereins bestimmt nicht abnehmen oder gar glauben. Hat sich aber tatsächlich immer genauso abgespielt.

Es liegt in der Natur der Sache, man schaut halt nicht alle fünf Minuten auf Basisplatte oder Beutel. Man danach einmal das Haus verlässt und anschließend bemerkt, dass ein Missgeschick (Malör) passiert. In diesem Moment ist es aber meistens schon zu spät. Deshalb besorgte ich mir einen kleinen Rucksack und bestückte ihm mit allem was, ich zum Wechseln des Stomasystems brauchte.

Das andere Problem war bald darauf, einen geeigneten Ort (Toilette) zu finden um sofort eine „Reparatur", des Stomasystems durchzuführen.

Meine eigene Person hat sich vorsorglich, im Laufe der Zeit einige Toilettenplätze ausgemacht, wo er anschließend in Ruhe den Beutel oder die Basisplatte reparieren konnte. Es sei an dieser Stelle erwähnt, dass meine Wenigkeit immer gleich eine kleine Krise bekam, wenn diese Toiletten entweder besetzt, defekt, oder dort kein Toilettenpapier mehr vorhanden war.

Genau genommen ging das ganz schön auf

die Nerven und heute noch gibt es bei meiner Person, so etwas wie ein „Reinigungstick."

Begründet ist dieser dadurch, dass man selbst ein schwaches Immunsystem besitzt und dadurch sehr schnell sich eine Infektion einhandelt.

Also trug Unsereins als kleine Vorsichtsmaßnahme immer Reinigungstücher bei sich, um verunreinigte Flächen im Bedarfsfall zu reinigen.

Das Schlimmste an meiner Geschichte war, dass das Stoma für alle unsichtbar schien, die körperliche Schwäche aber für jeden sichtbar war.

Meine eigene Person kann nicht sagen wie vielen Leuten (Menschen) er leid tat, aber es waren bestimmt einige.

Die körperliche Schwäche und die hohe Dosis der Medikamente sorgten dafür, dass wir wenig Konzentration und wenig Kraft hatten. Dabei werden die Wenigsten sich vorstellen können, was wir in dieser schwierigen Zeit, wirklich durchmachten. Ein Körper der sich völlig veränderte, dazu keine Kraft mehr hatte, und auch die daraus resultierende nicht Akzeptanz der anderen.

Es dauerte einige Monate um mit dieser neuen Situation, wirklich zurechtzukommen. Auch seinem Körper halbwegs wieder zu vertrauen. Bald darauf sich von ganz unten wieder langsam hochkämpfen und bei all dem Widerstand, dabei nicht leichtfertig aufzugeben. Diese ich gebe einfach mal auf Gedanken, kamen immer nur dann, wenn Garnichts mehr ging.

Ein starker Geist kann in einem schwachen Körper auf Dauer nicht glücklich werden. Da Geist und Körper normalerweise eine Einheit bilden, ist man gänzlich aufgeschmissen wenn, eines von beiden nicht mehr kann oder richtig funktioniert.

Dazu auf andere immer angewiesen zu sein und selbst nichts mehr machen zu können, bringt einen um den Verstand. Diese Hilfslosigkeit und die damit verbundene Abhängigkeit ist, für mein Ego unerträglich. Unsereiner hat sich mit dem Stoma für einen Zeitraum von neun Jahren, arrangiert.

Viel später mit seiner Gastroenterologin nach ganzen 9 Jahren des Leidens, mit einem Stoma, beschlossen einen Versuch zu starten. Erklärend wird an dieser Stelle verwiesen, dass es nicht anders ging. Meine Person hatte mittlerweile vier Fisteln um das Stoma herum, die dazu noch sehr schmerzhaft und überaus gefährlich waren.

Deshalb sollte Unsereiner an den Fisteln operiert werden und dabei gleichzeitig, der Darmausgang zurückverlegt werden. Die Entscheidung darüber das schließlich auch zu machen viel nicht leicht. Meine eigene Person, kann nicht genau sagen wie viele Gespräche mit Ärzten dabei geführt wurden, bis letztendlich meine Person sich, für die

Operation entschloss. Alleine der Gedanke keine Schmerzen und auch keinen Stoma mehr zu besitzen, führten am Ende wohl zu dieser positiven Entscheidung.

Dabei war die Zeit mit Stoma und Fisteln fast unerträglich. Ohne diese verdammten (bösen) Fisteln wäre es vielleicht, noch erträglich gewesen.

Das Problem bei mir selbst war, dass wir kein Krankenhaus mehr sehen konnten. Dazu gesellte sich eine gewisse Portion Angst vor, der bevorstehenden Operation. Es sollte nur ein weiterer „Versuch" sein, mein Leben anders zu gestalten.

Es kann an dieser Stelle vorweggenommen werden, Unsereiner unterzog sich dieser Operation und alles ging dabei gut. Die Fisteln und der Darmausgang sind mittlerweile weg und gehören der Vergangenheit an.

Das Wichtigste zum Schluss: 16 Jahre später

und ich habe keinen Darmausgang (Ileostoma) mehr, und wiege wieder ganze 76 Kg.

Hier an dieser Stelle endet für heute meine eigene Geschichte, aber im Anschluss folgen viele Tipps und einige Erklärungen, rund um die großen Themen Stoma und Ernährung.

Kapitel 3.

Du fragst dich jetzt bestimmt:

„Was ist ein Stoma oder (Ileostoma)?"

Nun das ist gar nicht so einfach zu erklären.
Ich versuche es mal so:

Der Begriff „Stoma" kommt aus dem Griechischen und bedeutet „Mund" oder „Öffnung."

Als Stoma oder (Ileostoma) bezeichnet man eine operativ angelegte Öffnung in der Bauchdecke, durch die ein kleines Stück des Dünndarms (Ileum) oder Harnleiter nach außen auf, die Hautoberfläche geführt wird. Der Stuhl oder Urin wird anstatt über den After oder Harnleiter, über diese künstlich geschaffene Öffnung aus dem Körper ausgeschieden. Es gibt mehrere Stomaarten, die häufigste Art ist das Colostoma (Stoma des Dickdarms). Es gibt noch zwei weitere Stomaarten: Das Ileostoma (Dünndarm-Stoma) und das Urostoma (Stoma zur Harnableitung). Weitere Namen für Stoma sind: „Künstlicher Ausgang", „Seitenausgang", oder „Anus praeter."

Das Stoma selbst gleicht vom Aussehen her, der Mundschleimhaut. Es hat eine runde oder ovale Form und kann dabei unterschiedlich groß sein. Da die Schleimhaut des Stoma keine Nervenenden besitzt, ist die Berührung des Stoma auch nicht schmerzhaft. Sie blutet bei Berührung leicht was, aber völlig unbedenklich ist.

„Wie würde meine Person, die typische Darstellung der Position eines Ileostoma beschreiben?"

Die Haut um das Stoma herum muss vor dem direkten Kontakt, mit den Ausscheidungen des Ileostoma, geschützt werden. Die Ausscheidungen sind reich an

Verdauungsenzymen und damit sehr aggressiv. Sie können daher die Haut sehr reizen. Im optimalen Fall steht der Ileostoma deshalb ca 1,5-3 cm von der Bauchdecke ab. Eine gut funktionierende Stomaanlage verhindert, dass Stuhl unter die Basisplatte b.z.w. der Haftfläche der Stomaversorgung gedrückt wird. Diese aggressiven Ausscheidungen des Ileostoma können in den Beutel fließen.

„Sollte man sich jetzt gerade fragen ob, die Häufigkeit der Ausscheidungen gesteuert werden kann?", muss meine eigene Person das so beantworten:
Bei einem Ileostoma kann die Häufigkeit der Ausscheidungen über die Ernährung, kaum gesteuert werden. Ein Ileostoma produziert zu jeder Zeit und sehr unregelmäßig, Ausscheidungen. Eventuell die Konsistenz der Ausscheidungen ließe sich zum Teil beeinflussen.

„Wie kann man einen festeren Stuhl bekommen?"

Nun, indem man als Betroffener stopfende Lebensmittel in seinem Speiseplan aufnimmt. Zum Beispiel Bananen oder Kartoffeln regelmäßig zu sich nimmt.

Denkt bitte immer daran, je flüssiger die Ausscheidungen sind, desto häufiger muss danach auch, der Beutel der Stomaversorgung geleert werden. Durch eine Stomaanlage geht die Kontinenz verloren.

„Was ist die Kontinenz?"

Die Kontinenz ist die Fähigkeit Stuhl und Urin zu kontrollieren, und selbst zu steuern wann man zur Toilette geht. Es wurden einige spezielle Versorgungungssysteme entwickelt, um genau diese Nachteile auszugleichen. Bestandteile sind: Ein Hautschutz und einen Beutel. Der Hautschutz verhindert, dass das Stoma von Stuhl oder Urin angegriffen wird. Erreicht wird das dadurch, dass die Ausscheidungen geruchsdicht in einem Beutel aufgefangen und gesammelt werden. Bis der Inhalt des Beutels in einer Toilette entsorgt wird.

„Wer bekommt ein Stoma?"

Es sind oft relativ junge Menschen die Stomaträger sind. Betroffen sind oft Patienten mit einer chronisch-entzündlichen Darmerkrankung (CED), Colitis ulcerosa und Morbus Crohn.

Bei den von mir genannten Krankheiten kann es durchaus notwendig werden, einen entzündeten Darmabschnitt, für einige Zeit auszuschalten. Damit dieser Darmabschnitt sich von der Entzündung erholen kann.

Die Familiäre Adenomatäse-Polyposis (vererbbarer Darmkrebs), führt häufig zu einem endständigen Ileostoma. Zur Vermeidung eines bösartigen Verlaufs kommt es bereits bei recht jungen Menschen, zu einer vollständigen Entfernung des Dickdarms. Weitere Ursachen für ein temporäres oder endständiges Ileost sind: Unfälle, Dickdarmkrebs und angeborene Fehlbildungen.

„Warum ein Stoma?"

Ein Stoma stellt ein extremer Einschnitt im Leben eines jeden Betroffenen dar. Durch das Stoma verändert sich das eigene Körperbild. Man geht nicht mehr normal zur Toilette, und die Kontrolle über die eigenen Ausscheidungen, geht teilweise dabei verloren.

Wenn eine Lebensbedrohliche Situation es erforderlich macht, legen Chirurgen ein Stoma an. Ein Beispiel hierfür könnte sein: Die Entfernung eines Darmkrebs-Tumors der so ungünstig liegt, dass auch der After und der Schließmuskel mit entfernt werden muss.

Der Chirurg wäre sofort gezwungen den Darm, an einer anderen Stelle anzuleiten. Und legt ein endständiges Stoma an.

„Was beutet aber Endständig?"

Es bedeutet: Dass das Stoma bleibt und es nicht wieder entfernt werden kann. Es gibt Patienten die z. B. Morbus Crohn oder Colitis ulcerosa haben. Diese Krankheiten äußern sich vor allem in heftigen und blutigen

Durchfällen. Bei einen großen Teil der Patienten lassen sich die Krankheitssymptome nicht, oder nicht ausreichend mit Medikamenten behandeln. Die Folge daraus ist, sie sind in ihrem Alltag und in ihrem Beruf schließlich, sehr stark eingeschränkt. Hier kann doch ein Stoma für eine große Entlastung sorgen, dass sich nicht mehr jeder Gedanke darum dreht, wo sich die nächste Toilette befindet.

Die Lebensqualität wird durch ein Stoma zeitweise oder dauerhaft verbessert. Wobei erfahrungsgemäß ältere Menschen schlechter mit der neuen Situation zurecht kommen, als jüngere Menschen. Veränderungen bringen eine gewisse Unruhe in das bisherige Leben.

Kapitel 4.

Die Stomaversorgung und das Ileostma: Die Ausscheidungen aus einem Ileostoma sind dünnflüssig bis dünn breiig. Die Ausscheidungsmenge liegt bei ungefähr 1,5 Litern pro Tag. Diese Menge kann aber leider kein Stomabeutel aufnehmen. Das Gewicht würde auch am gefüllten Beutel und damit am Bauch, unangenehm ziehen.
Deshalb wird oft auch die Versorgung mit einem sogenannten „offenen Beutel" realisiert. Dieser „offene Beutel" wird oft auch Ausstreifbeutel genant, er besitzt am Ende eine Öffnung. Durch diese Öffnung wird anschließend der flüssige bis breiige Inhalt des Beutels, in der Toilette entleert. Danach wird der Auslass absolut dicht durch eine

Klammer oder einen Klettverschluss verschlossen.

Der Wechsel eines Stoma: Nach einer Stomaoperation wird jeder Patient von ausgebildeten Stomatherapeuten, Pflegern oder Krankenschwestern, im Umgang mit der Stomaversorgung und dem Versorgungswechsel angelernt.

In der Theorie geht der Wechsel der Stomaversorgung am besten im Stehen, oder sitzend vor dem Waschbecken. In der Praxis hat sich ein Wechsel der Stomaversorgung im Bett, als sehr vorteilhaft herausgestellt.

Zum Beispiel wenn man körperlich schwach ist, eventuell durch mehrere Operationen zu viel Gewicht verloren hat, sollte man es zuerst mal im Bett versuchen. Im Bett kann auch ruhig mal ein Malör passieren, es gibt für diesen ungünstigen Fall genügend Vorlagen. Die Vorbereitung auf ein Versorgungswechsel sieht wie folgt aus: Zuerst sind alle benötigten Materialien vorzubereiten. Hierzu gehören vor allem Tücher und unsterile Kompressen, zur Reinigung der Haut.

Entsorgung der benutzten Stomaversorgung: Eine neue Basisplatte und ein neuer Stomabeutel inklusive Verschlussklammer. Bei Bedarf das Loch der Hautschutzplatte passend ausschneiden.

Nach dem Aufkleben der Stomaplatte darf rund um das Stoma, keine Haut mehr frei liegen. Zum Ausschneiden der Platte wird eine handelsübliche Nagelschere gebraucht. Einen kleinen Müllbeutel zur Entfernung der gebrauchten Stomaversorgung. In unserem Beispiel werden Ausstreifbeutel verwendet, diese sollten vor dem Entfernen in der Toilette entleert werden.

Anschießend wird die Hautschutzplatte von oben nach unten von der Haut abgezogen. Dabei könnte es hilfreich sein, leicht gegen den Bauch, oberhalb der Versorgung zu drücken. Damit die Haut nicht zu sehr mit angehoben wird. Die gebrauchte Versorgung wird in den bereit liegenden Müllbeutel entsorgt. Der Müllbeutel sollte anschießend mit einen Knoten verschlossen werden. Somit ist sofort auch gewährleistet, dass keine unangenehme Geruchsbelästigung mehr entsteht. Außerdem sollte man sich um die Reinigung der Haut kümmern.

Reinigung der Haut: Die Haut sollte jetzt von Stuhlresten und Resten der Hautschutzplatte gereinigt werden. Hierzu werden oft unsterile Kompressen und unterschiedlichste Reinigungsmittel empfohlenen. Genau genommen würde eine Reinigung mit Wasser in den meisten Fällen ausreichen. Sie ist auch zugleich die schönste Variante.

Zur Entfernung von Resten der Hautschutzplatte die sich nicht mit Wasser alleine beseitigen lassen, empfiehlt sich die Verwendung von Pflasterentfernern.

Da nicht jede Krankenkasse die empfohlenen Kompressen übernimmt, können auch an dessen Stelle, Einweg-Waschlappen, festes

Toilettenpapier oder Küchenpapier verwendet werden. Ausschließen sollte man die Mehrverwendung von normalen Waschlappen und Schwämme. Hierdurch würden sich Keime bilden und die wiederum würden schließlich zu Infektionen führen.

Zur Reinigung empfiehlt sich ein Waschzusatz der ph-neutral ist. Ölhaltige Reinigungslotionen sollte man lieber nicht benutzen, da sie rückfettend wirken. Die Haltbarkeit der Hautschutzplatte wäre in einem solchen Fall stark beeinträchtigt. Nach der Reinigung sollte die Haut wieder gut abgetrocknet werden.

Das Duschen, Baden und das Schwimmen: Für eine Stomaversorgung stellt der Kontakt mit Wasser kein Problem dar. Der Stomabeutel und die Basisplatte sind so ausgelegt, dass sie sogar in Chlor und Salzwasser sicher, und zuverlässig auf dem Bauch haften bleiben. Viele Stomabeutel sind sogar mit einem sogenannten Aktivkohlefilter ausgestattet. Jenen sollte man vor dem Kontakt mit Wasser abkleben. Bei der Lieferung der Stomabeutel liegen kleine Aufkleber bei. Durch das Abkleben kann sich der Filter nicht mit Wasser vollsaugen und verstopfen. Nach dem Schwimmen oder dem Duschen, können die Aufkleber anschließend wieder entfernt werden, die Filter funktionieren sofort wie gewohnt.

Dagegen saugen sich Stomabeutel mit Vliesbezug im Wasser wie ein Stoff voll. Hat man aber ein zweiteiliges Versorgungsystem, ist der Wechsel des nassen Stomabeutel am Ende kein Problem.

Eine weitere Möglichkeit wäre den nassen Stomabeutel anschließend mit einem Handtuch oder eines Föhn, vorsichtig zu trocknen. Auch besteht die Möglichkeit einfach den nassen Vlies vorsichtig von dem Beutel abzuziehen. Schwimmen mit Stoma: Das Schwimmen wird Stomaträgern sogar empfohlen.

Der Körper wird beim Schwimmen gleichmäßig belastet und trainiert. Auch kommt es zu keiner übermäßigen Belastung des Bauchs.

Mit einer etwas höher geschnittenen Badehose (Badeshorts), können Herren ihre Stomaversorgung quasi verschwinden lassen.

Frauen dagegen können ihre Stomaversorgung hinter einem Badeanzug verstecken.

Das Duschen und das Baden ist ohne die Stomaversorgung grundsätzlich möglich. Hierbei sollte man aber auch auf rückfettende, ölige Badezusätze, und Duschcremes verzichten. Diese haben leider die Eigenschaft die Haftung der Basisplatten, mächtig zu beeinträchtigen.

Kapitel 5.

Partnerschaft, Familie und Freunde. Wenn man zum ersten Mal mit einer Stomaanlage konfrontiert wird, stellt man sich als Betroffener oft folgende Frage:

„Wie wird die Familie, die eigenen Kinder, und die nächsten Verwandten auf das Stoma reagieren?"

„Sollte ich meinen Freunden überhaupt von dem Stoma erzählen?", „oder lieber es verheimlichen?"

„Werden die Freunde positiv auf das Stoma reagieren?", „oder sich doch abwenden?"

Wir Menschen sind alle sehr unterschiedlich und dementsprechend unterschiedlich fallen, aber auch die Reaktionen aus, wenn sie mit einem Tabuthema (Stoma) unserer Gesellschaft, konfrontiert werden.

Mann kann an dieser Stelle natürlich keine allgemeingültigen Tipps geben, wie man sich gegenüber Freunden und Bekannten verhalten soll.

Geht einfach offen mit eurem „Problem Stoma" um.

Partnerschaft: Nach einer Stomaoperation fühlen sich viele Betroffene durch die vielen Narben, und den Beutel am Bauch unattraktiv, und vielleicht sogar ein wenig entstellt. Auch wenn das Stoma der lebensrettende Ausweg war, oder zumindest das Ende eines langen Leidenswegs.

Kann es im ersten Augenblick schwer fallen, die Veränderung des eigenen Körpers zu akzeptieren. Je schneller man selbst das Stoma akzeptiert, desto leichter öffnet man sich gegenüber dem eigenen Partner, und kann danach ganz ungezwungen mit, der neuen Situation umgehen. Eine gefestigte Beziehung wirft so schnell nichts um, auch nicht eine Stomaanlage. Ein Partner wird sich sicher mehr sorgen um dich machen, das Stoma spielt im ersten Moment nur eine untergeordnete Rolle. Wichtig ist es mit dem eigenen Partner offen über, die eigenen Ängste zu sprechen.

Viele Beziehungen werden durch die gemeinsame Verarbeitung solcher Ausnahmesituationen, wie es eine Krankheit ist, und die Stomaoperation sind, stärker.

Kinder: Kinder gehen sehr unbefangen und ohne Vorurteile mit dem Thema Stoma um. Kinder sind sehr neugierig und möchten oft wissen was, das für ein Beutel am Bauch ist, und wozu dieser gut ist. Gegenüber Dritten plaudern Kinder sofort, aber auch gerne das was ihnen gerade so in den Sinn kommt aus. Kinder möchten ja auch wissen warum Papa oder Mama jetzt ins Krankenhaus gehen.

Man sollte den Kindern nur so viel darüber erzählen, wie man selbst für richtig hält.

Dabei auch auf ihre Fragen eingehen. Mit etwas älteren Kindern kann man ganz offen, über die Stomaoperation sprechen. Genau wie der eigene Partner machen sie sich natürlich Sorgen und möchten informiert sein, über das was mit einem geschehen wird (ist).

Freunde und Bekannte: In den meisten Fällen erfahren Freunde und Bekannte als erstes, über einen Krankenhausaufenthalt. Was man ihnen aber von einem Stoma erzählt, beliebt einem selbst überlassen. Man sollte seinen nächsten Angehörigen schon mitteilen wenn man das Stoma, als Teil seiner eigenen Privatsphäre betrachtet. Die Kontrolle darüber behalten möchte, wem man von seiner Operation erzählt und wem nicht.

Viele Patienten machen durchaus eine positive Erfahrung durch, die positive Reaktion der Freunde und Verwandten, nachdem sie von dem Stoma erfuhren. Oft herrscht Erstaunen darüber, dass man einen die Behinderung überhaupt nicht ansieht. Das sich jemand jedoch der von einem Stoma erfährt abwendet, ist wohl eher die absolute Ausnahme.

Sexualleben mit Stoma: Aus medizinischer Sicht ist ein Stoma kein Grund für einen Verzicht auf ein erfülltes Sexualleben. Für die besonderen Momente lässt sich das Stoma diskret mit blickdichten Minibeuteln, oder Stomakappen versorgen.

Darüber hinaus werden Beutelüberzüge aus Stoff angeboten, die den Kontakt der Beutel mit der Haut angenehm machen. Das Ausleeren des Beutels vor sexueller Aktivität, sollte selbstverständlich sein. Es gibt einige Stomaträgerinnen die Dessous und Wäsche entworfen haben, die den Stomabeutel in intimen Momenten quasi, unsichtbar verschwinden lassen. Erhältlich sind diese über eigens dafür gegründete Internetshops.

Bei Frauen wie bei Männern kann es nach der Stomaoperation, zur Ablehnung sexueller Aktivität kommen. Den Betroffenen fällt es oft schwer ihre veränderte körperliche Situation zu akzeptieren. Sie fühlen sich nicht mehr attraktiv genug und schmutzig. Ein einfühlsamer Lebenspartner der zeigt, dass man auch nach der Operation noch liebenswert und attraktiv ist, bewirkt mit einiger Geduld oft Wunder in dieser für, den Betroffenen schweren Situation.

Man sollte keine Scheu davor haben bei diesem Problem ärztliche, oder psychologische Hilfe in Anspruch zu nehmen.

Ernährung: Das wohl am meisten diskutierte Thema unter Stomaträgern ist die Ernährung. Oft wird nach speziellen Diäten oder nach einigen wertvollen Tipps gefragt.

Eines nimmt meine Wenigkeit aber gleich vorweg, eine spezielle Diät für Stomaträger gibt es nicht. Grundsätzlich besteht nach der Anlage eines Stoma keine Einschränkungen in der Ernährung. Was vor der Operation vertragen wurde, wird auch danach vertragen. Ausnahmen sind hier spezielle

Diäten, die aufgrund von Erkrankungen wie z. B. Diabetes, oder nach der Entfernung größerer Teile des Dünndarms, eingehalten werden müssen.

Einschränkungen in der Ernährung durch Verengungen und Verwachsungen. Wenn es aber grundsätzlich keine Einschränkungen bei der Ernährung nach einer Stomaanlage gibt!

„Warum berichten aber so viele Betroffene über die Unverträglichkeit bestimmter Nahrungsmittel?"

Oft wird nach dem Verzehr einzelner Lebensmittel von Beschwerden wie Bauchschmerzen, Krämpfen, ausbleibender Stuhlentleerung, oder sogar von Erbrechen berichtet. Ursachen für diese Beschwerden sind oft sogenannte Verengungen (Stenosen) an der Durchtrittsstelle des Stoma am Bauch, oder Verwachsungen, Briden oder Verklebungen. Eine Engstelle könnte direkt am Stoma durch Narbenbildung entstehen. Verwachsungen sind ebenfalls Folgen der

Bauchoperationen. Meist treten durch Verwachsungen verursachte Beschwerden bei Betroffenen mit einem Ileostoma auf.

Bei einem Colostoma führen sie seltener zu Beschwerden. Diese Neigung zu Verwachsungen ist bei jeden Patienten unterschiedlich stark ausgeprägt.

Viele Patienten bemerken ihre leicht ausgeprägten Verwachsungen nicht, und haben auch keine Einschränkungen in ihrer Ernährung.

Andere Patienten leiden wiederum so stark unter den Verwachsungen, dass sie in der Gestaltung ihres Speiseplans ganz erheblich eingeschränkt sind.

Schwer verdauliche Nahrungsmittel können sich bei vorhandenen Verwachsungen, oder Stenosen an den Engstellen des Darms festsetzen, und kolikartige Beschwerden, bis hin zum Darmverschluss verursachen. Bei starken Schmerzen mit Erbrechen sollte unbedingt ein Arzt konsultiert werden.

„Wie stellt man aber jetzt fest was man nicht verträgt?"

Gerade in den ersten Wochen nach einer Operation machen sich einzelne Unverträglichkeiten bemerkbar. Es kann hilfreich sein ein Ernährungstagebuch zu führen. Darin hält man fest was, und wann man etwas gegessen hat, ebenso welche Beschwerden dabei auftreten.

Dadurch lässt sich sehr schnell erkennen welche Unverträglichkeiten man hat, und wie man danach den Speiseplan gestaltet. Es sollte an dieser Stelle unbedingt Erwähnung finden, dass die wenigsten Nahrungsmittel dauerhaft nicht vertragen werden.

„Wie isst man richtig?"

Ein ganz wichtiger Punkt ist das eigene Essverhalten. Weniger das was, sondern das wie. Ausschlaggebend dafür ist, wie viele verschiedene Nahrungsmittel man verträgt. Tipps zum Essverhalten: Langsam essen und kauen. Kauen und nochmals kauen, je besser die Nahrung zerkleinert wird um, so leichter fällt die Passage durch den Darm.

Betroffene sollten sich daher beim Essen Zeit lassen, das Essen genießen und gut und lange kauen. Ausreichend zum Essen trinken, ein großes Glas Wasser, am besten ohne Kohlensäure. Auf langfaserige, hartschaliges Gemüse und Obstsorten verzichten.

Kleine regelmäßige Mahlzeiten, fünf kleinere Mahlzeiten am Tag. Ausreichend Bewegung, je nach körperlicher Verfassung, halbstündiger Spaziergang.

Erfahrungen mit Stomaträgern zeigen, durch eine konsequente Umstellung der Essgewohnheiten, vorhandene Beschwerden stark zurückgehen, und außerdem noch fast alle Lebensmittel vertragen werden. Blähungen: Jeder Betroffene mit einem künstlichen Darmausgang (Dick- oder Dünndarm) hat es schon erlebt. In einem ungünstigen Moment geht für alle Anwesenden deutlich hörbar, Luft über das Stoma ab.

„Wie sollte ein Betroffener jetzt damit umgehen?", „und wie lässt sich eine solche Situation vermeiden?"

Es ist ein ganz natürlicher Vorgang wenn sich, bei der Verdauung Gase bilden. Diese lassen sich nicht unterdrücken.

Peinlich kann es danach werden wenn sich, die Luft in einer Besprechung mit Arbeitskollegen, Geburtstagskaffee, oder im Kino, den Weg nach draußen sucht.

Durch eine bewusste Ernährung lässt sich die Bildung von Gasen beeinflussen. Ein übermäßiger Verzehr ballaststoffreicher Nahrungsmittel fördert, die Bildung von Blähungen.Meine Empfehlung: Kräutertees mit Anis, Ingwer, Fenchel, Kümmel und Minze, gegen Blähungen. Alle Hülsenfrüchte am besten ganz meiden oder zumindest stark reduzieren. Für kohlensäurehaltige Getränke gilt das selbe wie für Hülsenfrüchte da, die im Getränk enthaltene Kohlensäure verantwortlich dafür ist, für die anschließende Blähungen.

Kapitel 6.

Veränderung im Lebensstil: Wie wichtig eine ausgewogene Ernährung und dabei vor allem Mikronährstoffe sind sollte man, als CED/Colitis ulcerosa und Stoma- Patient, besser wissen. Die eigene Einstellung und Lebensweise hat einen erheblichen Einfluss auf die Symptomatik.

Eine sportliche Betätigung kann das Darmkrebsrisiko sogar um bis zu 50% senken. Für die meisten Erdenbürger dürften diese stresslindernden Effekte des Sports, wohl bekannt sein. Speziell für Morbus Crohn Patienten ist dieser Effekt von großem Vorteil, da diese Patienten einen höheren Stresslevel besitzen, als „normale" Menschen. Hierbei wird besonders autogenes Training und Yoga empfohlen.

Das allgemeine Wohlbefinden des einzelnen sollte hier oberste Priorität haben. Im akuten Schub (Krankheitsschub- Rezidiv) wird eine absolute Ruhe empfohlen, in diesem Fall keine sportliche Betätigung.

Sobald es aber einen wieder besser geht, ist alles erlaubt was einen gut tut, und außerdem noch Spaß macht. Was man unbedingt unterlassen sollte ist das Rauchen. Es ist im Allgemeinen bekannt, dass das Rauchen der Gesundheit schadet. Besonders aber schadet das Rauchen Menschen, die an CED/Colitis ulcerosa erkrankten.

Das Rauchen erhöht außerdem massiv, das Risiko eines akuten Schubs bei CED/Colitis ulcerosa Patienten. Dabei haben Raucher ein zweimal so hohes Risiko an CED zu erkranken, als Nichtraucher. Es ist bekannt, dass die Umgebung den Menschen formt auch, durch das Stadtleben könnte Stress entstehen. Als CED Patient sollte man sich genau überlegen in welcher Gegend man am liebsten wohnt. Sich anschließend auch ein gutes Netzwerk aufbauen. Ärzte, Pfleger, Pflegedienst, Krankenhäuser, und der nächstgelegene Bioladen.

Wenn man sich für das Leben auf dem Land entschieden hat, sollte die eigene Versorgung sichergestellt sein.

Dabei ist es natürlich von Vorteil wenn es Vorort ein gutes Netzwerk, voll mit Dienstleitungen vorhanden ist. Am wichtigsten für den zukünftigen Patienten (CED) dürfte, aber die medizinische Versorgung sein. An zweiter Stelle kommt danach bereits die Versorgung, mit allem was Vitamine/Kalorien hat, und der eigenen Ernährung dient.

Ganz wichtig und überhaupt nicht zu vernachlässigen ist, die eigene Familie. Die eigene Familie sollte nicht weit von einen selbst wohnen. In Notfällen kann die eigene Familie am Ende einen sogar das Leben retten.Wenn man sich selbst nicht mehr versorgen kann, sollte man unbedingt fremde Hilfe in Anspruch annehmen. Dieses Thema sollte aber mit der eigenen Familie besprochen, und anschließend gemeinsam, nach einer Lösung gesucht werden. Die eigene Versorgung und hierbei, ist es ganz egal ob es sich um die Ernährung, oder um ärztliche Belange geht, unbedingt sichergestellt sein muss.

Wenn man CED/Colitis ulcerosa Patient ist, wird man gezwungen sich mit seiner Ernährung auseinander zu setzen, und viel später sich damit etwas auszukennen. Für die meisten Patienten bedeutet das aber eine erhebliche Umstellung im Lebensstil. Vor der Erkrankung hat man sich keine großen Gedanken darüber gemacht, was für Essen auf dem Tisch kam und später verspeist wurde.

Diese Zeiten sind mit dem Erkranken endgültig vorbei. Man bekommt vom ersten Tag an gesagt, was man essen und trinken darf und was nicht. Man wird selbst quasi zu einem Ernährungsberater für sich selbst. Das sich ständige informieren über Kalorien und, der damit verbundenen Wirkung von speziellen Speisen, im eigenen Körper.

Schnell lernt man auch Schmerzen durch das weglassen von Lebensmitteln zu vermeiden. Ganz geschweige von den total überflüssigen Durchfallattacken, die nach einer richtigen Einstellung der Nahrungsaufnahme, sicher der Vergangenheit angehören. Es besteht ein Zusammenhang zwischen der Ernährung und der anschließenden Schwierigkeiten mit der Verdauung.

Sofort wichtig wird zu wissen was einen gut tut, und was nicht. Es ist bekannt, dass ungefähr die Hälfte der Weltbevölkerung entweder an Untergewicht oder an Übergewicht leiden. Beides kann aber auch durch die Nebenwirkungen von Medikamenten verursacht werden. Beides in ausufernder Form kann Lebensbedrohlich sein.

Welche Maßnahmen man am besten in die Wege leitet und wer einen dabei hilft, sollte jeden bekannt sein! Eine Einführung und Besprechung durch einen Facharzt wird hierdurch zwingend erforderlich. Man darf wenn man an CED/Colitis ulcerosa erkrankt ist, ruhig auch mal fremde Hilfe annehmen. Kein Mensch muss Untergewichtig oder Übergewichtig sein, wenn er das nicht möchte. Was man aber hierbei braucht ist viel Disziplin.

Egal ob es sich dabei um die Medikamenteneinnahme, oder um das zählen von Kalorien handelt. Von einen kranken Menschen wird erwartet, dass er sich mit seiner Erkrankung auseinander setzt, um eine weitere Verschlimmerung seiner Situation zu vermeiden.

Ganz klar ist, wer sich mit dem Thema Ernährung konsequent auseinandersetzt, der wird seinen gesundheitlichen Zustand um einiges verbessern können. Wer außerdem noch kritisch mit sich und seiner Umwelt umgeht, der steht am Ende am besten dar. Kochen ist im Grunde nicht schwer, die ganze Ernährung und alles was damit zusammen hängt. Wer noch nie selbst gekocht hat, sollte es schnell lernen. Angst braucht hierbei keiner zu haben. Kochen soll Spaß machen und einen keinen weiteren Stress verursachen.

Am Anfang steht wie immer die Information. Kochbücher und Ratgeber über Ernährung sollten jetzt das eigene Bücherregal schmücken. Wo man solche Bücher erhält und was man alles ausprobieren sollte, erfährt man bei BoD, Thalia, Amazon, und Hugendubel.
Außerdem kann man in diesem speziellen Fall auch eine Ernährungsberatung in Anspruch nehmen, die einen dabei hilft, die richtige Auswahl an Nahrung/Bücher zu treffen. Nichts ist mehr wie es vorher war und vieles muss man neu erlernen. Aber wenn man sich

mit der neuen Situation richtig auseinander setzt, sollte es einen anschließend um einiges besser gehen. Keine Angst vor dem Neuen und mit der richtigen Einstellung kocht man im Nu, ein tolles und außerdem noch gesundes Menü.

Bevor man sich aber selbst an den Herd stellt, sollten dafür einige Voraussetzungen vorher geklärt werden:

„Ist man geistig und körperlich überhaupt in der Lage selbst zu kochen?"

„Ist man außerdem noch in der Lage selbst die Zutaten dafür zu besorgen?"

„Was kann man überhaupt noch bewerkstelligen?", „und wäre es nicht vielleicht sinnvoller in der jetzigen Situation, jemanden mit der Aufgabe des Kochens zu beauftragen?"

Wenn all diese Punkte geklärt sind, sollte es mit dem Kochen klappen. Im Notfall, falls man sich nicht sicher ist ob man es alleine schafft oder nicht. Sollte man sich einen der

Geschwister oder Freunde schnappen, der einen beim Einkaufen und dem anschließenden Kochen hilft.

Am Anfang sollte man sich jedoch leichte Menüs aussuchen, die etwa eine 15 minütige Zubereitungszeit haben. Im Volksmund auch bekannt unter „schneller" Küche.

Danach mit der Zeit kann man sich Menüs aussuchen, die eine Zubereitungszeit von ungefähr 20-30 Minuten haben. Das Ganze lässt sich natürlich immer weiter ausbauen. Hierbei nur Gerichte ausprobieren wo man selbst weißt, dass man sie auch gut verträgt. Des Weiteren wäre es wichtig alles was man selbst kocht, auch anschließend als Rezept sich aufzuschreiben. Und dabei mit Veränderungen am Rezept nicht zu geizen!

Ruhig einmal Rezepte zu verändern wenn sie einen danach besser schmecken, oder auch weniger Probleme bereiten wie: Durchfälle, Bauchschmerzen, Übelkeit und Schübe. Vorbereitung ist eben alles! Da man am

Anfang eh nur kleinere Menüs probiert, braucht es auch nicht viel an Geräten. Später sollte man sich aber doch den einen oder anderen Kochtopf, Pfanne oder gar den Mixer leisten.

Ganz wichtig hierbei ist: Ein Mixer sollte zur Grundausstattung gehören.

„Warum?", „weil der Darm flüssige b.z.w breiige Nahrung, besser resorbiert (aufnehmen) kann und dabei dem Körper, die Energie sofort zu Verfügung stellt."

Patienten mit CED/Colitis ulcerosa leiden oft an Unterernährung, und benötigen daher eine Nahrung die viel Vitaminen enthält, und darüber hinaus sehr schnell, vom Körper aufgenommen wird.

Als zukünftigen Patienten CED/Stoma sollte man sich darüber im klaren sein, dass Veränderungen nötig werden und diese nicht unbedingt negativ, für einen selbst sein müssen. Veränderungen im Leben können das eigene Leben auch um einiges interessanter machen.

Dazu wenn man auch noch Unterstützung durch Familie und Freunde erfährt, sollte man dem Ganzen gelassen entgegen schauen. Die Zeit wird zeigen ob die Veränderungen die sich Zwangsläufig durch die Krankheit ergeben, positiv genutzt werden können.

Ob man sich am Ende dazu durchringt das Thema Ernährung für sich zu nutzen oder nicht, bleibt jeden selbst vorbehalten. Eines ist aber gerade wenn man Stomaträger ist ganz wichtig. Dafür zu sorgen, dass bei der Zubereitung der Nahrung, der Ort und die Instrumente die der Zubereitung dienen, keimfrei sind!

Da viele Patienten unter einer Immunschwäche leiden und dieses für die Patienten- Gruppe unter Umständen, verheerende Folgen haben könnte.

Keime egal welcher Art, zu erheblichen Komplikationen führen könnten. Das Thema Ernährung und Stoma hängen unabdingbar miteinander zusammen. Das Thema Hygiene sollte hierbei nicht unterschätzt oder gar vernachlässigt werden. Dabei sollte man auch beachten, dass schwere Fehler wahrscheinlich, nicht wiederholt werden.

Soll heißen: Hat man einmal über das Ziel hinausgeschossen, ist es schwer das wieder zu beheben. Bitte keine Fehler begehen! Eine vernünftige Ernährung ist einfach durch nichts zu ersetzen.

Kapitel 6a.

10 Unschlagbare Gründe endlich „gesund"
zu essen:

Die größte Motivation für eine „gesunde"
Ernährung sollte für dich sein, dass es dir
anschließend wieder besser geht und deine
Unverträglichkeit wieder verschwindet.

„Ist dir das nicht motivierend genug?"
Dann geht es dir wohl nicht schlecht genug,
oder du hast dich daran gewöhnt mit
täglichen Bauchkrämpfen zu leben. Keine
Angst es gibt noch einiges mehr an
Motivation für „gesunde" Ernährung, und um
die Ernährungsumstellung anzugehen. Denn
wenn du deine Ernährung auf bekömmlich
und gesund umstellst, passieren folgende
Dinge: 1. Du bist fitter und hast mehr Energie.

Mit einem „gesundem" Essen versorgst du deinen Körper mit allen wichtigen Nährstoffen, Vitaminen und sekundären Pflanzenstoffen. Diese liefern deinem Körper Energie und schützen ihn außerdem noch vor Krankheitserregern.

Für dich bedeutet das: Du fühlst dich fitter und voller Energie, und du kommst morgens besser aus dem Bett. Du bist einfach ausgeglichener.

2. Du fühlst dich wohl in deinem Körper: Mit genügend Energie fühlst du dich wohler in deinem Körper. Du musst dich auch nicht müde durch den Tag schleppen. Wenn du isst was dir bekommt, verschwinden deine Beschwerden. Wenn dich Bauchschmerzen seit Jahren begleiten, wirst du überrascht sein, wie gut sich ein Tag ohne Beschwerden anfühlt.

3. Du beugst Mangelerscheinungen vor:

„Hast du brüchige Nägel", „fühlst dich antriebslos oder bist oft krank?"

Das gehört ab sofort der Vergangenheit an, wenn du „gesund" isst! Denn sofort versorgst du dich mit allen wichtigen Vitaminen, Nähr- und Mineralstoffen. Mangelerscheinungen können auch durch einen kranken Magen oder Darm entstehen. Wenn die beiden geschwächt sind können sie Vitamine, Nähr- und Mineralstoffe, nicht mehr komplett aufnehmen, und dem Körper zur Verfügung stellen.

Ein kranker Darm kann auch die Ursache für Unverträglichkeiten sein, und so kann es bei einer Unverträglichkeit zu Mangelerscheinungen kommen.

4. Du wirst seltener krank:

Gesundes Essen stärkt mit Vitaminen und Spurenelementen die Abwehrkräfte. Vor allem Vitamin C und Zink unterstützen die Abwehrkräfte besonders. Vitamin C steckt z. B. in Zitrusfrüchten und grünem Blattgemüse. Zink steckt z. B. in Paranüssen, Kürbiskernen und Avocado. Übrigens liegt der Großteil des Immunsystems im Darm. Durch die Unverträglichkeit ist er gereizt und womöglich mit vielen schlechten Darmbakterien bewohnt.

Wenn du oft krank bist, kann sich eine Darmreinigung lohnen. Gesundes Essen wirkt sich auch positiv auf deinen Darm aus. Mit einer gesunden Ernährung senkst du auch das Risiko an einer chronischen Krankheit zu erkranken.

Dabei kann Diabetes Typ 2 entstehen wenn du, zu viel Zucker isst. Auch das Herz und die Leber können durch zu viel Zucker und Fett, krank werden. Die Auswirkung von ungesunder Ernährung zeigt sich oft erst nach Jahrzehnten. Deshalb zählt die Ausrede nicht, dass du dich gerade fit und gesund fühlst.

5. Tschüss Unverträglichkeit:

„Wie wäre es wenn du wieder alles essen könntest", „was du möchtest?"

Das ist eine gewagte Aussage, das gebe ich zu. Doch das ist mein Ziel: Alles essen zu können was ich möchte, ohne Beschwerden zu bekommen. Wenn du dir jetzt mich mit einem Berg aus Sahnetorte, Chips und Schokolade vorstellst, sofort vergiss das Bild direkt wieder. Weil das was ich essen möchte, verschiebt sich immer weiter weg davon. Meine Person möchte Nahrung essen die gesund ist, und einen nicht direkt auf die Toilette schickt.

Es heißt nicht unbedingt, dass die Unverträglichkeit verschwunden sein muss. Aber du hast sie so im Griff, dass du sie zeitweise vergisst, und auch mal etwas unverträgliches essen kannst.

6. Du bist konzentriert und leistungsfähig:

„Kämpfst du am Nachmittag regelmäßig gegen Müdigkeit an?"

Nun jetzt freue dich auf den Effekt von gesundem Essen. Es schenkt dir Energie, statt sie dir für die Verdauung zu rauben. Mit der neu gewonnen Energie kannst du dich besser auf deine Arbeit konzentrieren, dich besser organisieren, und kannst außerdem mehr erledigen.

7. Du lernst den natürlichen Geschmack wieder kennen:

„Was das für ein Vorteil sein soll?"

Wenn du dich wirklich wieder daran gewöhnst, wie gesund und frische Lebensmittel schmecken, werden dir Süßigkeiten und Fertigprodukte mit Aromen, Zusatzstoffen und Geschmacksverstärker, wie von alleine nicht mehr so gut schmecken. Mit der Zeit wirst du Fertigprodukte gar nicht mehr essen wollen, weil sie unnatürlich schmecken.

Auch Süßigkeiten wirst du lässig die kalte Schulter zeigen können, weil sie dir zu süß sind. Na gut, ein bisschen was geht. Aber ein kleines Stück wird dir reichen. Mehr ist einfach zu süß.

8. Du entdeckst neue Rezepte und Lebensmittel:

„Du schiebst die Ernährungsumstellung

vor dir her", „weil du nicht weißt was du kochen sollst?"

„Weil du deine Lieblingslebensmittel nicht mehr verträgst", „und nicht weißt was du essen sollst?"

Kurz darauf stehst du vor zwei Hürden: Hürde Nummer eins, neue Rezepte suchen.

„Wo bekommt man die überhaupt her?"

Bei Chefkoch.de

Hürde Nummer zwei, neue Rezepte ausprobieren und sich an neue Geschmäcker gewöhnen. Das ist natürlich aufwendig und lästig.

Lösung Nummer zwei: Raus aus der Komfortzone, eine Freundin schnappen und gemeinsam Rezepte ausprobieren. Anfangs kostet es dich ein wenig Überwindung, dich an neue Rezepte und Lebensmittel heranzutrauen. Aber du wirst sehen, wie viel Spaß es macht, neue Lebensmittel auszuprobieren. Und wie bereichernd es ist, plötzlich viel mehr verschiedene Lebensmittel zu kennen.

9. „Hättest du gerne glänzendere Haare?"
Unreine Haut und matte Haare können ein Zeichen für Mineralstoffmangel sein. Mit gesunder Ernährung gleichst du ihn aus, und stellst deinem Körper Vitamine, Spurenelemente, und sekundäre Pflanzenstoffe zur Verfügung. Damit kann er dafür sorgen, dass du frisch und jugendlich aussiehst.

Wenn das keine Motivation für gesunde Ernährung ist, weiß ich auch nicht.

10. Du wirst selbstbewusster: Um dich an deine neue und gesunde Ernährung zu halten, brauchst du Durchhaltevermögen und Disziplin. Wenn du die aufbringst, kannst du stolz auf dich sein. Auch durch dein gesundes Aussehen und deine neu gewonnene Energie, polierst du dein neues Selbstbewusstsein auf.

Tipp: Du kannst nicht so viel essen, dass es „gesund" wäre, bis es wirkt. Glaube immer an das was du machst, dann klappt es auch.

Ohne diesen Glauben an die Sache (Ernährung) wird es nicht gehen. Hauptsache ist doch, dass du dich dabei wohl fühlst. Dazu ganz bewusst etwas für deine „gesunde" Ernährung unternimmst. Einfach mal einen anderen Weg gehen, du wirst sehen, das wirkt!

Kapitel 7.

Urlaub: Nach einer Operation möchte man sich natürlich auch erholen, z. B. mit einer Urlaubsreise in den sonnigen Süden, oder zum Wandern in die Berge fahren. Allerdings sollte man als Stomaträger einige Dinge hierbei beachten bevor, man eine Reise macht. Reisevorbereitungen:

„Wie viele Versorgungsartikel benötige ich?"

Am besten die doppelte Menge mitnehmen die man sonst Zuhause braucht. Bei Auslandsreisen sollte man sich auch vorab über, die Bezeichnung der Stomaartikel informieren.   Eine Auslandskrankenversicherung ist ebenso empfehlenswert.

Anreise: Mit dem Auto oder dem Motorrad unbedingt an Pausen denken, und diese bevorzugt an gut ausgestatteten Raststätten machen. Die Raststätten sind oft mit Behindertentoilette ausgestattet, wo man gut ein Versorgungswechsel durchführen kann. Bei Flugreisen gehört das gesamte Versorgungsmaterial ins Handgepäck. Bei Bus und Bahnreisen muss man sich halt, mit engen Toiletten arrangieren.

Wenn man gut vorbereitet ist steht einen schönen Urlaub, nichts mehr im Weg.

„Was sollte beachtet werden?"

Auf ausreichend Flüssigkeitsaufnahme, dass man mindestens einen Liter Urin über den Tag verteilt ausscheidet. In südlichen Ländern sollte man für die Stomapflege nur abgekochtes Wasser, oder Wasser aus Flaschen, zur Reinigung des Stoma benutzen. Hier noch ein Hinweis: Der Mülleimer in Hotelzimmerbad wird täglich geleert, verbrauchte Materialien sollten dort entsorgt werden. Auch der Strand Besuch sollte für Stomaträger kein Problem sein. Ein Sonnenbad macht der Stomaversorgung nichts aus. Möglich ist auch das Schwimmen im Meer oder im Pool.

Es gibt sogar eine Stoma- Bademode, hierbei handelt es sich um spezielle Badehosen und Gürtel für Stomaträger.

Das Autofahren: Auch für Stomaträger gilt im Straßenverkehr die Anschnallpflicht. Je nach Lage des Stoma kann der Gurt unangenehm auf das Stoma, oder die Stomaversorgung drücken. Der eng gezogene Gurt kann den Stomabeutel einengen und den Beutelinhalt unter die Basisplatte drücken, sobald sich der Beutel füllt.

In Sanitätsfachhandel sind Gurtbrücken erhältlich. Diese werden am Sicherheitsgurt so befestigt, dass der Gurt nicht mehr auf den Stomabeutel drücken kann, und trotzdem die vorgeschriebene Sicherheit, gewährleistet wird. Unterwegs eine saubere Toilette. Jeder

Betroffene hat das sicherlich schon einmal erlebt! Man ist unterwegs in der Stadt oder mit dem PKW und man merkt, dass es höchste Zeit ist mal wieder, den Beutel zu leeren.

Oder schlimmer, plötzlich juckt und brennt die Basisplatte! Meistens fehlt außerdem noch eine öffentliche Toilette. Diese werden aber meistens nicht benutzt wegen, der oft fehlenden Hygiene.

Es gibt in Deutschland einen Club der einen Schlüssel für die Behindertentoiletten anbietet. Der sogenannte Euro-Schlüssel passt auf jede Behindertentoilette auf Raststätten. Den Euro-Schlüssel inklusive WC-Verzeichnis Locus, kann man hier bekommen:

Darmstädter Clubs unter (www.cbf-da.de).

Kapitel 8.

Zuzahlung GKV: Inzwischen haben sich viele Patienten daran gewöhnt, dass viele Leistungen der Krankenkassen (GKV) nur noch zur Verfügung stehen, wenn Zuzahlungen geleistete werden.

Man ist chronisch krank im Sinne des Gesetzes (SGB V). Deshalb gilt für dich die reduzierte Belastungsgrenze von 1% des Familieneinkommens, statt der 2% (allgemeine Belastungsgrenze).

„Was bedeutet „chronisch" kranke Menschen?"

Die Krankheit muss ein ganzes Jahr lang bestehen, und in dieser Zeit von einem Arzt mindestens, einmal pro Quartal behandelt worden sein. Eines der folgenden Kriterien muss erfüllt sein:

Der Patient ist pflegebedürftig nach Pflegestufe zwei oder drei. Der Patient ist aufgrund seiner Erkrankung mindestens zu 60 Prozent erwerbsgemindert oder behindert. Erwerbsminderung und Behinderung muss durch die Erkrankung begründet sein. Wegen der Krankheit ist eine medizinische Versorgung erforderlich. Wenn mindestens ein Familienmitglied schwerwiegend chronisch krank ist reduziert sich, die Zuzahlungsgrenze für alle Angehörigen des Familienhaushalts, auf 1% des jährlichen Familienbruttoeinnahmen im Kalenderjahr. Einkommen: Zum Einkommen zählen alle Einnahmen also auch Renten, Mieterträge und Zinserträge. Zuzahlungen:

„Worauf müssen Zuzahlungen geleistet werden?"

Zuzahlungen für Arzneimittel, Heilmittel, Hilfsmittel, Behandlungen, Kuren, et cetera zu leisten sind. Immer wenn eine Zuzahlung geleistet wird gibt es eine Quittung, auf der auch der Name des Zahlers vermerkt sein muss. Das ist wichtig weil, die Krankenkasse sonst die Belege nicht anerkennt.

Befreiung von Zuzahlungen:

Ab dem zweiten Jahr der Befreiung zum Jahresanfang durch Zahlung eines Betrags, der auf den Familieneinkommen des Vorjahrs basiert, direkt den Nachweis zur Befreiung für das laufende Jahr zu erhalten. So dass keine Beträge mehr gesammelt und möglicherweise überzahlte Beträge, zurück überwiesen werden müssen.

Nach Jahresende wird bald darauf trotzdem ein Einkommensnachweis verlangt. An dieser Stelle noch der Hinweis, es sich bitte nicht mit der Krankenkasse (GKV) oder dem Finanzamt zu verscherzen.

Auch wenn man schwer krank ist, wird man gezwungen von den zwei Institutionen, allem nachzukommen was notwendig ist, und darüber hinaus verlangt wird.

Wenn Fristen nicht eingehalten werden

können, bittet man am besten um eine Fristverlängerung. Wenn Medikamente von der Krankenkasse (GKV) nicht bezahlt oder bewilligt werden, bittet man um eine Aufnahme in den bestehenden Katalog. Kleiner Tipp:

Verscherzen sollte man es sich nicht mit, den zwei Institutionen!

Fazit

Wenn man jetzt zu den Menschen gehört die eine Diagnose Morbus Crohn erhielten, sollte man niemals aufgeben. Und ja, diese Diagnose ist erst einmal ein Schock.

Auch weiß ich genau wie man sich jetzt fühlt, denn ich teile das gleich Schicksal mit euch. Meiner Person ist auch bekannt, dass man über eine Krankheit spricht, die nicht heilbar ist. Trotz allem muss man versuchen mit dieser Erkrankung, zurecht zu kommen. Man kann auch mit Morbus Crohn sehr alt werden, wenn man sich dabei an gewisse Spielregeln hält.

Dazu zu den Menschen gehört, die sich fürs nicht aufgeben entschieden haben, sollte man jetzt kämpfen. Es wird ein ewiger Kampf sein und das Ende ist noch völlig offen. Natürlich wird es schöne und weniger schöne Tage geben, Fortschritte und Rückschritte. Lernt von anderen und nehmt jede Hilfe an, die ihr bekommen könnt. Alleine werdet ihr mit höchster Wahrscheinlichkeit scheitern.

Meine Person kämpft bereits seit mehr als 16 Jahren und hatte dabei eine Menge Hilfe. Auch erlebte Unsereins jede Menge Höhen und Tiefen. Die Erkenntnis daraus:
Der Crohn schläft, aber er kann jeder Zeit wieder aktiv (wach). werden. Nach einer schweren Zeit folgt immer eine gute Zeit. Das Leben könnte viel einfacherer sein ist es, aber leider nicht.
Geht offen mit der Krankheit um, verstellt und versteckt euch hierbei nicht. Diesen Stress würde meine eigene Person sich von Anfang an ersparen. Denkt bitte daran um, so besser es eurem Körper geht um, so besser wird es auch euch selbst gehen. Achtet deshalb besser

auf euch und auf eurem Körper. Aufgeben war für mich persönlich, nie eine wirkliche Option! Und genau das Selbe wünscht euch, meine Person. Nicht aufzugeben und sofort beim ersten Widerstand, zu verzweifeln oder gar zu resignieren. Tut das bitte nicht!

An dieser Stelle endet zunächst einmal, unsere (meine) kleine Geschichte.

Das Ende.

Danksagung

Obwohl das Schreiben eines Buches häufig ein einsames Unterfangen darstellt, kommt dennoch kein Autor ohne Hilfe aus. Jedes Mal wenn eines meiner Bücher erscheint, stehe ich als Autor im Vordergrund. Das ist nicht besonders fair, weil es immer vieler Menschen bedarf, die eine solche Publikation überhaupt erst ermöglichen. Das war natürlich auch bei mir der Fall.

Und all die lieben Menschen die mir während des Schreibens eine Hilfe gewesen sind, sollen hier nun eine besondere Erwähnung finden. Zuerst richtet sich mein Dank an meinen Verlag BoD (Books on Demand). Dass überhaupt jemand bereit war zu veröffentlichen, dass von mir kreiert wurde, ist schon fast ein kleines Wunder Dafür vielen Dank und auch für das offene Ohr und die motivierenden Worte, wenn ich mal wieder vor einem leeren Blatt saß und nicht weiter wusste. Danke für die Mühe und die Geduld, mein sehr geschätzter Verlag (BoD).

Und selbstverständlich geht mein Dank auch an meine Familie, meinen Eltern, meinem Bruder und meinen drei Schwestern. Die mir immer die Kraft und die Zeit gegeben haben, mich meinem Buchprojekt zu widmen. Ohne euch hätte ich das niemals geschafft.

Keinen geringen Anteil an der Fertigstellung haben auch: Wolfgang(S), Marzena(W) und Brigitte aus Hamburg.

Immer wenn ich kurz davor war alles hinzuwerfen, habt ihr mich wieder aufgebaut und zum Weitermachen ermutigt.

Einen großen Dank auch an meine Leser und den zukünftigen Lesern, ihr seid mit ein Grund dafür, warum ich schreibe. Vielen

Dank an alle auch an die, die nicht namentlich erwähnt wurden. Ich weiß das sehr zu schätzen. Dankeschön.

Literaturverzeichnis

Eigene Geschichte

Internet

Impressum

J.R Lucas Wolf

luquetejero@hotmail.com

Herstellung und Verlag: BoD – Books on Demand,
Norderstedt

E-Book ISBN:

Paperback ISBN: 978-3-7494-3223-3

Printed: In Germany